无用之诗

十指为林 著

陕西新华出版传媒集团
太白文艺出版社

图书在版编目（CIP）数据

无用之诗 / 十指为林著. -- 西安 : 太白文艺出版社, 2022.2

ISBN 978-7-5513-1964-5

Ⅰ. ①无… Ⅱ. ①十… Ⅲ. ①诗集–中国–当代 Ⅳ. ①I227

中国版本图书馆CIP数据核字(2022)第038530号

无用之诗

WUYONG ZHI SHI

作　　者　十指为林
责任编辑　姚亚丽　张婧晗
封面设计　杨木子
版式设计　建明文化
出版发行　陕西新华出版传媒集团
　　　　　太白文艺出版社
经　　销　新华书店
印　　刷　西安雁展印务有限公司
开　　本　880mm×1230mm　1/32
字　　数　76千字
印　　张　6.625
版　　次　2022年2月第1版
印　　次　2022年2月第1次印刷
书　　号　ISBN 978-7-5513-1964-5
定　　价　98.00元

联系电话：029-81206800
出版社地址：西安市曲江新区登高路1388号（邮编：710061）
营销中心电话：029-87277748　029-87217872

目录

未来心

过去心

现在心

不可得

后记

未来心

飞往火星

没有谁的未来可以被安排
关于未来
我们一无所知

我们与时间并肩同行
一直不曾放慢或加快脚步

飞往火星
我们不是来自地球
我们也许只是路过地球

我们只会比以往更加团结
我们相信，未来属于我们

时间

什么才是时间的真实
什么才是时间的存在
时间的字典里没有一个字说明

时间在时间里流动
时间在时间中消失
无论身在何处都只是一次旅行
无论身处何方都会被带往他方

时间不必真实不虚
时间不必完美无缺
残缺不全才是所有时间的真实

等待时间成为时间的过客
创造时间与时间并肩同行
读懂时间，时间会为你放慢脚步
珍惜时间，时间会为你结出异果

吃烧土豆的那个人

吃烧土豆的那个人
总希望烧土豆能吃出苹果的味道
后来
还是吃烧土豆的那个人
吃苹果总希望吃出烧土豆的味道

这种感觉
一点也不奇怪
世界原本就没想象那般好
原本就没那么单纯
众生都是独一无二

没有吗
吃烧土豆的那个人要的不是烧土豆
吃烧土豆的那个人要的不是苹果
吃烧土豆的那个人要的不是那个味道
吃烧土豆的那个人要的不是那个名字

可那个人依然欢喜

欢喜即是花开

欢喜无关结果

欢喜只是当下

欢喜唯有这烧土豆

冰天雪地

破庙菩萨

经书谁念

书生隔世

那个人依然把烧土豆吃到泪流满面

刺猬

都在挑剔刺猬身上的刺
谁还在意它有趣的灵魂
不必建议
不必拥有

不需要很多朋友
只需要很多孤独
耄耋之年
深情不负

逮捕时间

受雇于瘟疫
天才都去解复杂的谜题
回归于平静
一个人只吃蔬菜和面包片

生死面前
快乐是多么肤浅
追忆往日时光
也曾被鸡汤式哲学一骗再骗

抓狂的十指
在钢琴上疾走
我要试图去逮捕恶魔
也试图逮捕时间

来自未来

——给女儿

即便无法深情
也要写几行诗
来抵御世间的薄情

即便一贫如洗也要读书
即便身无分文也要幸福
看轻钻石，看重内心的光

一个人的时候
享受孤独
尽可能畅饮生命的高贵

找不到生活的维度
那就提升生命的高度
拥有善良就不会一无所有

先生

先生没有酒
先生只有 N 件衬衫和 N 个空酒瓶
先生没有孤独
先生只有书和钢琴
先生没有约会
先生爽约去研究地球

先生不多情
先生深情如仓央嘉措
先生不抽烟
先生活得云里雾里

先生不是好父亲
先生潜心悟道如老子
先生不是好先生
先生逍遥如庄周

冷思考

吃肉喝酒的时候不应该是悲伤的时候
最应该歌唱的人躲在角落里沉默不语
很多时候沉默是宴席上最后的声音

为什么很多人会对战争津津乐道
为什么很多人会对贫穷视而不见
橱窗前乞丐的影子正饱受着风霜
和平的酒杯应该拒绝以强欺弱

谁说所有的游戏都是强者的游戏
谁说所有的悲伤都是弱者的悲伤
小孩的悲伤是大人未能给他足够多的糖果

正如你所说没有谁会不悲伤
乞丐的悲伤是在寒冷的冬夜没有一碗热饭
很多人的悲伤是权力还不够大、金钱还不够多
那些无耻的嘴脸何尝不比小孩子贪婪得多

远行

远行是远行者的一切
而所有明天将再无明天
因为再没有什么值得我去改变

直到天涯永无天涯
心里装满爱和寂静
眼里除了坚贞就是黄连一样的信念

身体可以被世俗改造
改不掉的是在路上的灵魂
尊重自己的内心，把背影留给全世界

地球之歌

谁在挑战世界和平
谁就是地球的罪人
无论哪色皮肤都是兄弟姐妹
即便一草一木也应自然生长

世界是国与国的总和
国是世界人民生活的世界
大的格局可以让我们走向纯粹

珍惜吧，人类只有一个地球
互联网让全世界成为一个村庄
放下彼此的猜忌和诋毁
伸出友谊之手握住美好与坦诚

我们都活得简单一点
我们的国就不会复杂
我们的世界就不会复杂

致爱十行

量身定制的西服是微不足道的
你不知道明年的体重是增是减
量身定制的晚餐是微不足道的
你不知道今夜的爱人是来是去

再多语言都是微不足道的
再多感恩都是微不足道的
我们是我们内心全部的光
让我们将所有的情感一并寄予未来吧
无须朝露与星辰证明
我们只要我们的真实

活着

一个叫破破的朋友说
人生不是苦短
人生真是又苦又短

一直以来
都会有这么一个东西
它把它自己撕碎
分给你我

经常去听听出殡时那漫天叫嚣的唢呐
要知道每天都会有人死去
我们才会活得分明

不曾拥有

世界所有的都是你不曾拥有的
不曾拥有的还有你的默无声息

痛恨自己的嘴巴和耳朵
下一刻说出的或听见的
都将是对美的极致破坏

美国

美国这个名字没有谁会不知道
它是电影电视互联网上的国家
好像被上帝凭空捏造出来的一样

我想我此生不去美国也不会感到遗憾
原因是山楂花玫瑰般美丽的美国多是外来移民
不知那里的原住民对自己的家园还保留多少记忆
美国的美大概就在于它的未来而不是它的过去

美国在历史上都不属于美国
所谓的美国人在享用餐桌上红酒与面包的同时
探讨着亚洲非洲等地的饥民并对战争津津乐道

美国的现代化科技和先进武器我都毫无兴趣
美国的汽车楼房与世界各地的汽车楼房也并无两样
我想美利坚合众国至少还应该有诗人吧
除此之外就再没有什么值得我去看一看

寻人启事

如果你还在看手机
那么请你帮我寻找一个看手机的人

如果你还在看电视
那么请你帮我寻找一个看电视的人

不，我要反悔了
请你帮我删掉这条信息

你看不到你在不知不觉中死去
没有谁会遗憾
也包括你自己

拒绝表演

无论谁在表演
无论悲剧喜剧
我的眼泪不会拒绝
我的笑声不会拒绝

我做不到成为木头
我做不到成为石头
我的思想拒绝呆板
我拒绝铁石心肠

在看透人世间表演的那一刻
是我开始拒绝表演的那一刻
拒绝表演却成了最大的表演者
也许我还有机会成功
我却选择了彻底的失败

有人把这叫作情怀

有人把这叫作觉悟

然而我什么都不是，什么都没有

孤独中国

一场大雪清空了整个世界
活着和死亡拥有同样的寂静
公交车上挤满了低头的“僵尸”
四肢与头颅伴随着刹车摇摇晃晃

医院里到处都是电子管发出的声响
超市里随意摆放着众多呆板的面孔
候机厅里所能遭遇到的是同一款微笑
车站里刷短视频的怪声此起彼伏

没有桌子没有书没有笔墨
手指移动的每一个字符都是孤独的
没有酒没有咖啡没有货币
人类所有的欢乐与悲伤都是孤独的

人们保持着同一种习惯同一种动作
人们享有同一种孤独，身患同一种病

世界变成手机病毒虚构的世界
人们不知不觉进入了孤独中国

占卜

抛向天空两块骨头
抽出三张塔罗牌

在这期间
我希望有两只狗
在骨头落地前叼走它们
牌面下的二十六分之一
什么都没有

下下签

读完《老子》读《春秋》
用文字温暖破庙与冰雪
让大地生长雨水和时间

举起右手和左手
紧紧握成拳
握住命运
握住春天

再松开拳头提笔为剑
写下虚无
写下寒窗苦读二十年

二十年时间去完成同样的动作
二十年时间来改变一点什么
读《易经》我理解了否极泰来
从此更相信自己会给自己创造出灵验

还好吗

我能听见窗外的蝉鸣
带不走你
你若如琴
月光奏鸣
此刻月光如水
更如十九岁芳龄的你

你知道的
你知道白衣少年的心
愿你梦里的少年是我
即便我已不再年轻

一粒沙

我们不比一粒沙的命运好多少
我们飘忽不定
我们没有故乡

即便有故乡也只是昨天的故乡
今天和明天都将停留他处

我们是全新的
我们终将不再是我们
我们收藏太阳也收藏冰雪
时间从来没有给我们命名
相比一粒沙我们是那么无关紧要

棺材巷

回老家的机会越来越少
去棺材巷喝酒就更少了
棺材巷这个名字是不是很不吉利
晚上去喝酒带一本经书总是好的
反正我每次都带
是不是经书倒忘了

棺材巷只是宽窄巷的另一个名字
因为巷口宽而往里走会越来越窄
不知哪个朋友突发奇想这么一叫
这个名字就在小圈子里传开
知道的人本来就不多
加上我最近很少去
几乎很少有人提起

来这里的人不都是酒鬼
起码我不是

我最多算是半个爱读书的鬼
我在翻书时喝酒
写无关紧要的句子时也喝
写到精彩处便醉了

来这里喝酒的朋友越来越多
看书的朋友则越来越少
好书尽放进棺材里了
是智慧本身不经意打开棺材盖
又有人推翻了桌子
漫天星辰洒落一地

市井生活不乏世俗的热闹
有人划拳就有人叫卖理想
角落里被冷落的永远是那个白衣书生
待到繁华散尽
也不着急回去

盲道

让世界挤一挤
让出一条让他们回家的路

让时间停一停
放慢脚步来致敬诗意和美好

善良的人们啊，时间不是粮食
时间可是这个世界上最好的药

请把众人的路留给众人
请把菩萨的心留给我们

读书的骆驼

正如永远走不出书本
正如永远行走在沙漠
驼色，只属于你的颜色
干旱，只属于你的饥渴

迎面的风
夺走你全部的泪
种在你心上的脚印
会告诉你
你在哪里

神木时间

神木不是一个地方
它是很多地方存在过的很多时间

时间会带我们去旅行
即便你一动不动

神木时间很多
多到无法计算
多到无法记忆

在神木的石峁山上
你可以找到无数个答案
让你去想
时间这个问题

手上的书与身外的世界

手上的书只能证明你曾经知道点什么
身外的世界却是你脚步要迈向的世界

一直在竭力平衡过去与未来的你我
只能越来越衰老
只会越来越愚蠢

高处绽放的灵魂

无论卑微

或者高尚

人世间的真善

总需要以最美的形式

绽放在太阳底下

飞鸟和云朵

飞鸟飞走也许是藏入了云朵
云朵飞走也许是藏在了梦中
在追梦的路上
云朵是自由的
如飞鸟的自由
是你我的自由

手机

已活在手机里边
手机已是我们的全部
有一天
我们不在了
是另一只手
选择了删除

不要说人工智能
智能从来不属于人类
人只是某种意义上的蚂蚁
标榜高级是人的愚蠢
我们不懂人类时刻遭遇降维打击

时间看似永恒却亲历分秒死亡
手机看似玩具却变身幕后玩家

预言

蓄谋已久的人等待一次豪赌
认知平庸的人等待一次狂欢

每个人都是孤独的存在
较量是无数把水果刀
手里却没有了苹果

唯有春天

不再告诫不读书的人读书
不再指望不早起的人早起

平庸的人只管平庸
高贵的人只管高贵

拒绝高贵而高贵
唯有读书

拒绝早起却早起
唯有春天

驶向长安

当列车一节一节睡去
梦会还你一个年轻的长安
无论时间如何诉说苍老
移动的心永远驶向未来

来自格鲁吉亚

来一杯
来自格鲁吉亚的
阳光雨露

一杯多单宁
一杯多蜜橙
一杯停在喉头
一杯留在心上

杯杯是你
杯杯不是你
已不是葡萄
可还是你的味道

初一醉一宿
十五再举杯
杯杯不是你
杯杯是你

流浪者之歌

心上的人儿早已变得平常
想不起谁还会吟诵我的十四行

借助你的名义四处流浪
诗意也许前往一个
常被梦见的地方

过去心

在流淌的时间里洗手

在流淌的时间里洗手
手就不会寂寞

在流淌的时间里洗手
洗干净再去写诗

握住笔
在流淌的时间里
写出千万条溪流

时间流淌在干净的纸上
流淌的字迹神圣自由

最初的心

什么是什么
我在问我出生的昌哈卜拉
当寂静还在寂静
雪
是唯一的声音
后来才是我心跳的声音
再后来
才是我泪流的声音
泪流成游泳池
我在死亡的游泳池里游泳
我开始变得混浊、模糊
可我直至今夜还不忘回头
回头看看
最初的心

梦与锁

梦的手指
打开童年的抽屉
将一枚银币
抚摸成皎洁的月亮

黑夜的钢琴
露出雪白的牙齿
咀嚼着这枚银币
并发出照亮世界的声音

德福巷咖啡馆

不知春天的去向
风如我这般消逝

孤独是孤独者的一面镜子
清澈的心被反复擦拭

慢慢地走或慢慢坐下
我都将是这
被时间擦去的灰尘

越是失落越是无辜
我在想
对这世间是我不够爱吗

电影院

赶着看一场电影
找座位，打瞌睡
流泪，或者大笑
离开时，会有人继续重复

只为看一场电影
一场电影的孤独
孤独地到来，孤独地离开

无论我们选择了悲剧还是喜剧
结局，期待未知却是众所周知

十九岁的香雪兰

想起香雪兰
想起那个遥远的季节

十九岁的香雪兰
恣意芬芳
当你到来时
我已经老了

时间就是这么不凑巧
我们总是在错误的时间、地点
遇见，又再见

唉，再无四季
我将在你的春天里
度过寂寞的夏天、秋天和冬天

大提琴

空空的房子里吃泡面
听大提琴忧伤的曲调
那种饱含爱意的忧伤
让肠胃和耳朵一起高贵

再无法找到一件干净的衬衫
去听一场体面的音乐会

城市的某个角落
一本五线谱悄然落泪
更加失落的帆布鞋穿过小巷
来到大剧院门口

匕首与诗集

在漠北的小镇上
冬天喝烧酒
夏天吃西瓜

手里翻动着自印的诗集
并大声划拳
大声吼民歌

诗情的炎热几近癫狂
匕首切开西瓜
给声音来降温

在深冬喝掉整瓶整瓶的麟州坊
并站在雪地尿尿，思考
任凭北风哭泣，我们一言不发

等待

等待有风吹来
等待绿色长满茂盛的胡子
等待胡子花白
等待是一只猫

等待如我
此刻静静地坐着
没有风
没有年轻
也不曾老

女儿奔跑飞快
旋转着
有时哭
有时笑

电视机里一整天都在滚动播放动画片

我试着切换频道
女儿大喊
看
猫

海明威家的猫
我告诉她

零下一摄氏度

我的爱向着零下一摄氏度生长
只为给你熟睡时的
阴凉

你的梦里不会有夏天
因为我的爱阻挡了我对你的
炽热

你知道吗
你知道我永远不会让你
知道

衬衫先生

我有四十多件衬衫
据朋友们说
给那位穿衬衫的先生
一个女子对另外一个女子说

一个分酒器和一个小酒杯
就这么摆放在我面前
很是无聊

最近衬衫先生的朋友们都很忙
都忙着去升官发财
只剩下先生一个
一个人在这家法式餐馆用餐
但是可以不点法餐
老板说

就这么一张桌子一瓶小酒一本经书
还有至少四十件衬衫

嗑瓜子

妻无休止地嗑瓜子
一个小时过去了
两个小时过去了
地上到处都是瓜子壳

我无休止地写稿子
一个小时过去了
两个小时过去了
电脑上到处都是文字

哦，终于完成了
妻开始扫地
我则同时将写好的东西
发给编辑或回收站

话语权

一路公交车上
眼镜框背后
是一个零，默不作声

安全帽在零的后面
发出一长串数字
有关工资，房租，菜价
南腔北调，五花八门

一个疯女人上车
眼镜框和安全帽
都成为她最忠实的听众

眼镜框听得最为认真
试图盗走她所有言论

小偷

我是一个小偷
我认为我很善良
我和任何人都没有区别
我只区别于江洋大盗

我曾经是一个小偷
我不认为我很善良
我要和所有人区别开来
我偷走你的心现在也还给你

失眠者的冥想

黑夜呼吸着时间
失眠者找不到通往梦境之门

月亮犹如白色药片
万物皆照射出银灰色的清苦

冥想一点点搬空内心的屋子
让天地之灵入住
涉入时间之流
纵横多少流年岁月
生死别离
却只是失眠者的一瞬

黑夜长满了时间
失眠者收割了大片大片的寂静

月亮开出白色药片
以减轻失眠者的痛苦

去远行

带上水和干粮远行
去飞鸟飞过的春天
去奶奶走过的田埂

带上书和玩具远行
去妻子拍照的路径
去女儿眼里的远方

我喝水看书造句子
妻子消化所有干粮
女儿咬玩具和奶瓶

白城的燕子

即使风不会遗忘
雨不会侵蚀
故事也难免沾满灰尘

健忘的石头
和窗户纸一样的年年岁岁
让语言难以企及

唯有你的朝朝暮暮
白城才这样宁静、灵动
也只有你
无处不在的影子让这个传奇
历久弥新

去散步

寻着高处的句子
寻着精神的水源

向深处去
向远处行
砍伐别样的森林

即便抵达疲惫
也不辜负星辰

辜负星辰就是辜负黎明
比早起的人更知道早起
比劳作的人更懂得劳作

很享受这种散步
在纸上

锻炼灵魂的同时
把种在纸上的墨
种在精神的荒漠

一步和一万步

当我们把时间还给了时间
当我们用遗憾告别了遗憾

我们白白懂得了那么多道理
却始终搞不懂自己

是手机捆绑了手
是电脑禁锢了脚

行走的艰难
上班的艰难

争分夺秒的车
不沾尘土的鞋

一万步是艰难
第一步更艰难

红尘

马蹄声声，昨夜星辰
无关战事，也不多情
历史，烧成熊熊烈火

阿房宫，禁书，剑
等不来已逝的故人
终于烧出两个字
红尘

黄土里的功名
渲染成传奇的颜色
和琴箫哀怨，无病呻吟

风吹不起，云飘不动
苍穹一线，冥冥中唤作那两个字
红尘

愿做清水里的一尾鱼

洗尘于今生今世
回眸在杯酒之间
第一次相逢即是道别

期盼再次在这水边遇见
此时此地
伤悲也是欢喜

愿做清水里的一尾鱼
活着或死亡
思念即永恒

礼拜五

开始收拾行李，给妻子打电话
给女儿买奶粉，赶在下班之前
昨天是礼拜四，今天是礼拜五
我感觉全世界都将要开始放假

全世界都赶着回家，我找不到
我的乐谱，幸亏安娜及时出现
就在我面前，帮我完成了抄写
完成了我最后的《第九交响曲》

我不再焦虑，全世界都在听我
指挥，我不相信世界还是世界
人还是人，我还是我自己，哦
我该做什么，是要等待掌声吗

耳朵是无声的，时间是休止的
这个礼拜五，人们似乎都很忙

忙于祈祷，我祈祷

我会有妻子，还会有一个女儿

情书

曾经多少次感叹
自己的文笔
曾经多少次追悔
莫及

帮忙写情书
那些最美的文字
权当是自己写给自己的
那个她

当朋友成功地追到了她
朋友说我真够朋友
朋友的女朋友说我
你就是个白痴

某年某月某日生

大雪无踪
偏偏有人要寻回自己的脚印
汽笛声声
一声接着一声的疲惫

火车带不走故乡也带不来他乡
姓名很冷
生辰如冰

一杯热水
足可温暖人心

人心无关四季
何必春夏秋冬

我不知道的事

女儿大大的眼睛
盯着我袖子上小小的纽扣
纽扣是她心爱的小饼干吗

原来我一直用袖子吃东西
而空出双手则是用来抱她

橘子酒店

橘子酒店没有橘子
真实世界有没有真实

大人让小孩一次一次失望
小孩让大人一次一次绝望

我们都是不听话的孩子
我们都是有偏见的大人

我们其实没什么不同
我们只是看起来相同

不要试图说服你的父母或孩子
不要要求橘子酒店一定有橘子

禄水斋笔记

十指为林林里藏天下，
嘉喜德乐乐中聚仁人。
——斋联

吃掉最后一桶泡面
听完最后一首歌
喝尽最后一瓶啤酒
除了书和一架钢琴，我再一无所有

一无所有地离开这个不足二十平方米的禄水斋
去开辟新的书斋，去过新的生活
一个朋友在说，一群朋友在帮我
帮我搬搬不完的书和搬不动的钢琴

一个最穷的书生穷困到只有书
一个最贵的贵族高贵到除了书还有钢琴
在神木我就是这样一个笑话

一个朋友在说，一群朋友在笑

呵呵，我拍掉满身的灰尘
除了笑还有说不出的忧伤
忧伤的不再是书无处摆放
钢琴无处安身

明天钢琴和书都可以从这里搬走
搬不走的是禄水斋这三个字
和这满屋子的笑声与孤寂

杜甫

你冷吗
你比月下的白骨更冷
你饿吧
你吃不下朱门里的酒肉

你的儿子饿死了
你的文字发疯了
你的诗心在寒风中悸动
你还站在只有路的中央

你想当官了
你拿诗歌来乞讨一个位置
你想安家了
你拾不回大风吹走的茅草

你走了
你走进了中国的史诗

你继续走吧

你继续走向一个只有圣人的地方

灰色

把一只雀儿放飞
把空气装满整个笼子

把一本书翻开再合上
每次都不曾将白纸搬空

把一沓扑克洗来洗去
让迷茫的思绪更加迷茫

没有谁比书生更痴迷于书
没有谁比鸟儿更向往自由

黑色与白色的中间
文字与翅膀的自由

救助站

从看到他们绝症的病历单
再到听到他们死亡的消息
我是痛苦的

从下一个大病救助者被救助再到下下一个
直到我也成为其中的一个
我都是痛苦的
直到一些人也听到我死亡的消息

天鹅

待到那把提琴也长出羽毛
那满眼泪光是对你的绝美颂歌
音符飞过一浪接一浪，夜不休止

路的尽头再无人间灯火
一生短暂不够爱你的崇高
盲人的眼睛也顿时明亮

祭

风吹落
天上的雪花
那是苍天
对逝者的爱
撒向人间
纷飞的纸钱

乡村小学

课本里飞出一只麻雀
盘旋于乡村小学操场的上空
小学生排着长队
一二一地跑步

站在高处
只能看见校园的屋顶
还有许多黑豆整齐地排在空地上
和四周的庄稼慢慢移动
吐穗的玉米飞快地生长
天空中传来
那只麻雀吹响的哨声

最是那满林子的风

雨后，晴天
最是那满林子的风
呼吸着闪亮的叶片

飞鸟，明露
最是那满林子的风
知道谁来时的动静

光影，暗点
最是那满林子的风
斑驳了谁提在手上的新布鞋

果核

吃剩的果核
被人随意丢弃
我会捡起来看一看
是不是我童年的那一枚

在童年
我吃遍村子里所有的果园
把其中一枚果核偷偷丢向
锣鼓喧天的戏台

兄弟

走失于岁月的荒地
在没有刻度的夜里
我们清醒地梦游

在噩梦中向你呼救
在别离时喝一点酒
就这样，我们带着梦想，东奔西走

是的，注定要喊你一声“兄弟”
相逢处，对着一碟咸菜
我们用倔强的盐，说服生硬的骨头

注定要喊你一声“兄弟”
谈论过卑微且廉价的梦想
我们终有一天，不再一无所有

天空之书

背向大地延伸
阅尽天空之书

目伴清风远去
心随云卷云舒

北漠村庄睡去
谁来唤醒峁沟

树木花草颠倒
我在浩渺云头

民间借贷

公共汽车上
一筐来自马镇的土鸡蛋
小心翼翼地听着
此起彼伏的手机铃声

老人的一只手离开鸡蛋筐
轻轻地碰了碰我的照相机
询问
法院哪一站下

麦浪与故乡

麦浪滚动
时间让天空无限疯长

大地，延伸希望
列车在麦芒上飞翔

借来风的风车
割倒满世界的金黄

离开的脚步已久远
可还是怀念长满麦穗的故乡

指尖上的月光

钢琴在黑夜露出一排整齐的牙齿
十指轻染着一对翅膀，明亮而雪白

心田里一束花开，如你微微一笑
指尖明色流进指尖上透澈的月光

飞翔是你让天空看到的唯一自由
而你嗜好孤独
让你在你量身定制的幻想中
演奏
直到满头白发

无心对事，一心对你

城市和书与我无关
我只是静静地冥想
并把城市装进书本

你知道你的故事我一无所知
一无所知的陌生人和他们身后流浪的文字中
我一眼就能认出你

无心翻书却放出了整个世界与我为敌
我合上书本异想天开地认为
我可以收回所有的文字，也包括你

事实上你还在世界的某个角落
我带着书本如风疾走
走过大街小巷、城市乡村

我在寻找你，而你在哪里

哪里都是我要去的地方

我无心对事，一心对你

一加一

记得很早以前
就再没有人给过我
一颗糖

我剥开透明的糖纸
将糖粒送入口中
那是在很早以前

记得很早以前
可能是在去年夏天
有人给过我一颗糖

糖粒送入口中
我低下头回味她唇齿间
明亮的颜色

一个人的长安

曾经长安月，此时长安心。
最是无数，无数相思情。
——题记

和你并肩走过的长安
再无处寻回我们的大街小巷
站在大雁塔
正如大雁塔站在人群中一样孤独

我孤独地看着
你和月亮一样干净的面容
我把相思藏在无数个长安的夜晚
任由我一个人向着汉唐慢慢老去

她说

她说，她大一有个男朋友
对她很好，给她写了很多诗

她说，她现在的男朋友
给一个女孩子也写了很多诗

她偷偷看过很多
很是感动

她说，可惜喽
现在的男朋友不让她看诗

他自己也不再写诗
还不让她提，他当年写的诗

很久以前

音符
永远停在琴上
落满指间

无数个休止符过后
记忆重现
重现你的容颜

即便我死去
耳朵也会挂满
整个春天

再等十年
这个十年
已经是下一个十年

躲闪不及

幻境的女子
似花儿的芬芳
让我闭着眼不能入睡

每每在夜里
你白色的裙
让黑暗中的我
躲闪不及

你舞动的身体
让闪闪的星
坠落

爱你就像仓央嘉措

遇见你，再多的情话都不多
唇边和唇边彼此都不曾说什么

多情的达娃啊
月亮皎洁
云衫已落
爱你就像仓央嘉措

爱的解释

爱你，如果找不到理由
那么就让问题天长地久

献诗

允许爱你
火的季节
抽出你的手指即是告别
这叫我的思念无法凋谢

放大镜

不要相信成千上万的谎言
哪一句可以是真话
正如你所看见的巨大
其实很小，很小

家书之外

接一片落叶在心上
写下含辛茹苦的爹娘

现在心

时间上的点，世界上的你

时间上的点
一遍遍行走，它依然陌生
世界上的你
梦中似曾相识

等不来的天长地久
时间只错一点点
你已在我的前世或者来生

短发

谁心中没有个姑娘
谁身后没有个故乡
谁在乎青春年少
谁归来万般愁肠

姑娘剪短了长发
故乡染鬓如霜
少年患得患失
愁绪百转千回

在来生等你

在来生等你
不要黄金买官

在来生等你
不要白银铺地

在来生等你
只求执子之手
不图富贵

有风吹过

倦鸟归巢
你听见了什么
你听见的
难道只是书本翻动
和键盘敲击

早晨醒来
你看见了什么
你看见的
难道只是冬天的枯树
和鸟的几颗粪便

是的
你不曾看见
不曾看见我
内心深处的
车水马龙

也不曾听见

我造句的声音

洋洋洒洒

如北方的雪

今天

时间允许我们长大
时间又不允许我们永远活着

时间给了我们一个期限
错过今天就是错过很多明天
今天总会被我们消耗殆尽
而我们对它又是那么无能为力

对此我们又能说些什么
今天一定是最坏的今天
今天也将是最好的今天

玩具

人与人之间
从不缺少游戏

多一点天真
用爱去交换更多

不，决不拥有更多
哪怕真理只剩这一个

谁都不曾拥有所有
在失去快乐之前还能拥有快乐
哪怕再失去多一点

十指为林和他的朋友们

十指为林的朋友个个纯粹
如同毛乌素的明沙
如同风雷闪电
如同黎明晨星

爱喝酒
爱写诗
爱听民谣
共同的爱好造就共同的朋友

偏远的诗意小镇
少年躁动
青年多情
中年深沉

明沙梁上的野孩子
黄土地里的逐梦人

朋友陈酿如酒

与其说他们共同的朋友是诗和酒

不如说是十指为林

斑马

我不是一匹斑马
也并非你所说的那样温文尔雅
我需要一栋房子
和一个安身立命的家

可我又是一匹斑马
一匹不会着装的斑马
我要摈弃世俗樊笼
自由自在出发

我是不是一匹斑马
现已无处可查
我宁愿相信李白千杯不醉这样的假话
杯杯畅饮我廉价的才华

勇敢者

从来都不是一个勇敢者
即便我抱着必死的决心

我将抽屉推进空旷的午夜大街
纸和笔才不是勇敢者的练习工具

独自行走或一个人奔跑过后
还是用思考和书写来证明自己

当我再次将趴在书案上的身体用力拉直
这一刻我希望我可以勇敢一点点

吃葡萄

女儿教会我吃葡萄
教会我吃掉所有葡萄皮
这样眼睛才会变黑
才会看清楚书上的字

她五岁
我三十八
我们一起看书写字吃很多葡萄皮

女儿不知道
所有葡萄皮都被我偷偷吐掉了
她只知道抱怨
周末短暂

夜深人静
不能入眠
我吃葡萄皮也饱食满天星辰

不只是虚无

实实在在的烦恼
只因忙忙碌碌的索取
朋友说我是一个务虚的人

那我就是一个务虚的人
我愿坚守这“虚无”
我的心只属于一千张唱片和一万本书

读一点《老子》

道可道，非恒道。

——《道德经》

中国土地上生长着许多小院落
其中包括老子的
比起开疆拓土的皇帝
他更像农民

《老子》短短几千言
在山水间开成一束智慧
让乐闻者遇见

读一点《老子》
种下非恒之道
收获无字之书

一棵树的等待

一棵树等不来一只飞鸟
天空中找不到
被你遗忘的巢

飞在风中的翅膀
隐形于云里梦里
只有你飞走
不见树离开

面相

我相信我的耳朵
正如我不相信我的眼睛
一样坚决

我看见的世界
在我听见的时间里
一点点消失

一张张焦虑的面孔
面对时间愈发恐惧
变得麻木、凝固

在最坏的天气喝最好的酒

在最坏的天气喝最好的酒
我们经常因为坏天气相聚
喝几杯小酒来排解忧愁

在最坏的天气喝最好的酒
无论多少次推杯换盏后
我们都要朗诵自己的诗
歌颂土地，歌颂真理，歌颂神木这座城市

在最坏的天气喝最好的酒
我们怀揣梦想饱含激情
不为官却心怀天下之事

在最坏的天气喝最好的酒
神木的小镇上几乎没有我们没去过的小酒馆
我们喝酒不是为了醉
而是为了激扬文字，畅饮孤独

清欢

十年不读书
只享明月好

一身白衣去
好酒不为官

清茗换玉液
冰心负卿心

负卿非我意
琼浆几度寻

孤独的写作者

当我成为一个词的时候
我会是这个世界的所有

灯熄灭
纸和笔将在黑暗中歌唱
并叫醒一串串生动的词

当我化为纸上的灰尘后
即便灰尘被一点点擦去
留下的
只能是孤独

吃鱼记

心生罪过
我在为我吃掉的一万尾鱼而自责
来生我要心甘情愿变成一尾鱼
以弥补鱼的数量

即便再不情愿
来生我变成的那一尾鱼也会被端上餐桌
被一个酷爱吃鱼的胖家伙一扫而光
想一想也是很痛的

就在这个时候
刚点的剁椒胖头鱼上桌了
我吃得满口留香
我不知道这个时候我的慈悲心哪里去了

体面

不懂为何这般穷奢极欲
不懂为何如此款款深情
你的体面我没有
我的体面你不配

当我在冥冥天籁中
明亮，辉煌，忧伤
我的灵魂是体面的

当我在一行诗句中
疾走，踱步，震颤
我的灵魂是体面的

我是我耳朵里听到的高贵
即便清贫如乞丐
我是我奋笔疾书后的善良
即便卑微如草木

致自己

十指为林先生
趁你的耳朵还没有完全聋掉
去听你想听的一千零一张唱片

十指为林先生
趁你的眼睛还没有完全瞎掉
去看你想看的一万零一本书

眼睛瞎了便不再好色
耳朵聋了便不再好声
不再好色也不再好声
便把自己活成一首诗

是的，一首禅诗
那是你至今都不曾写出的一首诗
它超越你所听过的任何音乐
也超出你所认知的所有思想

种子

每一粒种子都是一个太阳
种下每一个太阳
收获光

每一粒种子都是爱
成熟
饱满
芬芳

它用诗一样的温度
温暖村庄

它用诗一样的语言
赞美
土壤

耳朵里都住着佛

你看众人的耳朵像不像一座座寺庙
耳朵里都住着佛

佛说或佛不说
大家都会听见
你听见了吗

无论在哪个场
都是满满当当
只有少数人离开
离开表演独自修行

你没有听见

点一把火

点一把火
烧光心爱的玩具

点一把火
烧掉昂贵的房子

毁灭了毁灭
慷慨再慷慨

活得这般庸俗
不如一无所有

回到一无所有的有
喟叹无所不能的不能

礼物

把交给明天和所有明天的爱同样交给今天
让时间早一些知道你爱我

当一生中可供你阅读的书
和你的头发一样稀少
你会孤独，并会享受这份来自孤独的爱
即便我全然不知“你爱我”

没有谁，只有你和你的善良
去修道，去寻路
并一点一点长大，一天一天生根
进而抵达一根头发或者一本书

一纸春天的树走过夏天的茂盛和秋天的枯黄
冬天——我无法描述你
正如你无法描述我
我们四目相视，微笑竟成了最后的礼物

当你最后一根白发也落在书本上
不知不觉，除了苍老，再没什么

钱

没有一杯咖啡可以给你
给你一张照片是无用的

你出卖咖啡的味道
客人会交出你的照片
你买下的只能是一个个空杯子

没有好的赞誉可以给你
给你再多意义是无用的

你留给时间的记忆
远比留给人们的欲望要少很多
难道富有是你最后的遗言吗

1981 无标题

无法计算这个数字的准确与真实
真实的是它给死亡一个最后期限

活着是最初也是开始
是最初和自己玩耍
是开始与女儿和外孙玩耍

最后期限是最初的苦恼吗
我开始计算欢乐
计算留给远处或更远的欢乐

止痛片

一片或两三片白色药片
比志愿者送上的赞美诗和歌声都管用
这对于所有空巢老人来说
老人只要装满更多药片的瓶子而无须说明书
每一个夜晚老人都要吃下那些故乡的月亮
以便让思念时的疼痛减轻
谁想这思念愈加疼痛
更多的月亮便成了老人的晚餐

她

奶奶偷偷告诉过我一些事情
现在她应该都忘了
她得了阿尔茨海默病
就是老年痴呆

她不会再因为繁重的农活而操劳
梦里也不会
那些死了的人和活着的人
都再与她无关

听她说过她父亲是饿死的
现在她只知道吃
那是骨头里的饥饿
我想我的基因里也会有

前两个月她还在数她那为数不多的钱
现在都已经忘得一干二净

现在她经常面无表情地望着她的儿孙
那个包裹了好几层的钱袋子就搁在她的枕头边

太阳

你燃烧着我的瞳仁
怎不叫我热泪盈眶

我只偷看你一眼
即便到天涯海角
也逃不出你的光芒

看海去

漂泊是漂泊的船
远方是远方的岸

梦里是梦里的抵达
理想是理想的帆

天才

比时间走得快
比世人走得慢
把自己丢失在错误的时空

大于一

梦想是荒凉的
我们除了相信它就是更加地相信它
现实是残酷的
我们除了付出爱就是更多地付出爱

陌上花开

不曾遇见你的脚印
香泥沾满我的鞋子
明露打湿青衫

低头思念
便知思念紧随其后
如影，如梦

孤独远行
不曾回头
生怕惊醒身后的春天

身后也只有你
满目桃花
唯独我不知，这陌上花开

雪茄

喜欢布鲁斯
喜欢朗姆酒
喜欢抽雪茄

喜欢古巴人民独有的民族性格
喜欢美酒和饮酒者有趣的灵魂
喜欢音乐和演奏者传递的美好

音乐无法置换文字
酒精无法代替思考
雪茄无法点燃诗意

热爱让我的烟灰缸永远干净
热爱让我的高脚杯保持空无
热爱让我的唱片机旋转暂停

你要相信

当下
我们什么都缺
我们最缺的是我们自己

短视频中
又什么都不缺
最不缺的是廉价的道理

其中知识改变命运是真的
其中无用之诗无用是假的
你要相信

用胃思考

希望把泡面
消化成美德

麦田里长满句子
让守望者不再饥饿

食物总是喋喋不休
向每个人表达爱意

相比狼吞虎咽后的杯盘狼藉
一个个空酒瓶表现得比谁都无辜

其实我可以不那么自卑
只要看清了有的人不那么高尚

无处不在的绳子

一个年轻女子
手腕缠着珠子
伸手用肉体的绳子
捆绑她的儿子

小孩的哭泣挣扎中
我分明看见
无处不在的绳子
试图捆绑我们的世界

终有一天
我们都将死去
捆绑世界的绳子也就松了

风一样的年华

远走
去一个陌生诗意的地方
风一样远走

风吹走宋时的明月
吹走更远的大唐
更远的汉瓦秦砖

风一样的年华远去
留下诗的华彩
词的风流

谁将一首首诗词字字读老
狂风一样的句子，编织成遥远的
锦绣文章

写在背面

你说思念是七月的阴雨天
打开窗户
让夏风给你回信

神木蓝色的天空
尽收在一张如雪的纸上
搁点花草
系几米阳光
不着笔墨
便是最美的回复

收到后
想必你已经启程或者在路上

不可得

空枝

花开谁家树
花落几人知

君在我还在
朝来暮已迟

莫云秋实好
转眼皆空枝

那个谁

我就是那个谁
请永远不要去记我的名字

你说对了
我就是那个谁
我永远都不是那个名字

木鱼

敲木鱼的声音
我记得

我记得我内心的不安
明明不紧不慢
明明闭目养神
明明慈悲

我记得僧道的敲击
我记得木鱼的嘴巴
声音很响
响彻庙宇
响彻道观

我记得木鱼的眼睛很小
小到没有眼睛
我记得它没有耳朵

没有耳朵就不用去听
无关紧要的声音

还好木鱼不是鱼
它是木头做的

它的脑袋不会痛
也不用思考
可我的脑袋会痛
我泪流不止

无用之诗

我是诗人吗
我只会写无用之诗

我是小丑吗
我笑我从来都是这么可笑

你唱你的虚伪赞歌
我写我的无用之诗

这个世界除了诗人都不必是诗人
这个世界除了玩笑都不必是玩笑

如禅

说对时对就错了
说好时好就坏了
越是思考越不想说话

不想说
只是心里有
对了就好了

只做无用的书生

出世和入世的智慧我都没有
我只能这么孤独地坐着
让我的女儿读书给我听

再就是一声不吭地听妻子的埋怨
整天收拾书本上的文字
写一点小诗
来消化一日三餐

只做无用的书生
无用地落在时间的最后
独自欣赏一个人的风景

你是最无用的人
这是妻子经常朗诵的一行诗
女儿对此不以为然
我却很欣赏它

吃西瓜

我喜欢吃西瓜
更喜欢看别人吃
听夏天最爽脆的声音

我喜欢种西瓜
喜欢听西瓜成熟的声音

我和侄子蹲下来
吃掉最成熟的西瓜
我看着侄子手抓瓜瓤

我看着他吐出成熟的西瓜子
我将瓜子收回待到明年再种

法布施

我身无分文
正如你一贫如洗
比起你的腹中空空
我的饥饿难耐想必更加让你难以忍受
我们今生就此擦肩而过
渐行渐远
突然我想转过身去
大声念几行诗给你听

抄经的老鼠

比安静更安静地步入庙门
比虔诚更虔诚地跪拜
佛在心中
心在掌心

合十的手指是这般虚无
虚无的还有木鱼声声
梵音袅袅

叩首在地
十指在地
听不见吟诵
看不见佛陀
心见一只老鼠在抄经

抄经的老鼠如我这般跪拜
这一跪就跪向永远

起来时可能是一个好人了吧

佛祖慈悲为怀

即便贼人鼠辈也给改过自新的机会

我轻轻抬起头来

无论一棵树或者一片森林

十指合十的时间
明亮而又虚无
我擦去镜子上的灰尘
照见此时此刻的年龄与星辰

多久以前做回了人
多久以前还是树
我忘了被人关注的神情
遗忘写在了妻子的提醒之外

我想我是一棵会行走的树
激情满满时生长成一片森林
我想以各种树叶的形式生活
无论一棵树或者一片森林

我想和飞鸟做伴
与白云为邻

也许只有风知道
哪一片跳动的叶子背后
深藏着我自由自在的心

喜欢

喜欢路边摊
喜欢小面馆
不是真的喜欢路边摊
不是真的喜欢小面馆
只是喜欢路边摊上曾经的我们
只是喜欢小面馆里飘来的琴声

曾经以为自己喜欢喝咖啡
曾经以为自己喜欢喝酒
喝着喝着就都不喜欢了
以前喜欢自由
现在喜欢顺其自然
未来喜欢什么我正在思考

《土耳其进行曲》很欢快
我能从中听见自己的年龄

不知什么时候

我开始喜欢自己的名字

开始喜欢慢慢老去

开始喜欢所有讨厌的词

我试图喜欢我所厌恶的名相和时间

我对它们足够自信的时候
却是彻底忘记它们的时候

总有太多人像我一样对自己抱有遗憾
总有太多人像我一样对自己怀有不满
名相和时间都是过去的才是最好的吗
问题是我们不够智慧
智慧才是我们想要的答案吗

太多问题来正见太多苍老
对它们足够自信时也就足够愚蠢
厌恶的不是一次次的错失
而是不能触及真实
触及了便成了虚无

我试图喜欢我所厌恶的名相和时间
十指空无是为了握住那些少女的手指
一如握住春天里的花朵

山林记

一只肥狗入山林，汪汪乱叫惊了鹰。
猎人打鹰打死狗，烹狗闻香梦即醒。

——引子

一梦一狗一山林
一天一地一无涯

汪汪声声草惊兔窜
声声汪汪鹰飞猎空

猎人打兔打鹰打死狗
烹之喷香待食之

一僧一道从此过
夺肉不得推梦醒

梦醒惶惶皆无味

只念梦里狗肉香

肥狗是我猎人是我执念是我
无梦无我无山林哪里还有悟？

种瓜记

种瓜十年常留子
百年之后子种瓜

种瓜得子
种子得瓜
简单务瓜是一生
一世烦恼藤蔓枝

看着《心经》看见心

看着《心经》字字虚无
允许我和这世界存在的真实
是心的真实

如果我是一个真实的瞽夫
我会真心看《心经》
字字看到老

在看见和看不见之间
我要对你说
我和你什么都不会发生

吸铁石

很久，是多久
爱已地老天荒
为何你执着的信念，不增不减
不离不弃

永恒，即永恒
历尽雨打风吹
为何你强硬的态度，历久弥新
顽固不化

倘若这人世间真有天意
谁又能将你的赤诚携带
走向万里之遥
诉求天地之远

永恒的爱人呀，你是
等待，或者依然等待

离开，或者永远消失

都不会改变这世界的距离

红字

一绳故乡的愁绪
系着时间和舞蹈

一棵长满青春的树
分不清谁是谁的根叶

见证你我存在的
是那不长不短的距离

相视了几千年的沧桑厚重
翻开每一卷经文都会飞出
两只叫作爱情的蝴蝶

庄子

我拾柴
拾到的每一根枯枝朽木
都是从前那个少年随意丢掉的

和我在毛乌素沙漠丢掉枯树枝的庄子
拾到同一个骷髅
写下同一段文字

我喝酒
凡遇到每一个喝酒的老者
都会问他们是否存够了一千瓶美酒

和我在昌哈卜拉草滩上喝醉的庄子
喝掉同一片星空
做了同一个梦

江湖

剑
舞在翻动的纸上
江湖
在心里

血
流入打碎的酒樽
江湖
在疼痛

侠客
一个个倒下
江湖
依然站立

一

复制出更多的一
更多的一则是它们的镜子
只有一个一是真实的
其他的一和它们的镜子都是假象

试图去寻找那个唯一的一吧
正如你自己去追寻自己
一样难得

一扇桃花

那个白衣书生
攥着一把好看的折扇
敲打着左手每个手指
每处关节

前世
扇里的情郎
相遇了命犯桃花的女子
直到花瓣片片凋零
情已枉然

今生
扇里的情郎
摇动前世的桃花
多情，却不知晓

桃花依然片片凋零

情郎依旧夜夜伤心

而那命犯桃花的女子

来世，远比今生好看

那种真实不同于这种真实

知道你要来
那种真实
仅仅存在于你没来之前

你就站在我面前
这种真实
恍若一重又一重的梦

琴与清欢

你弹琴时你与谁
写诗三千谁予你
琴与清欢独伤悲

无茶无酒无相伴
有琴有曲有谁知
写诗三千换酒回

青山无处不红颜
绿水常映一白衣
皆是枉然空酒杯

佛

如果你的心
真的空如镜
请你照一照我
一个尘世中写经的人

见

小时候见大真大
长大了见小非小

人心尽失
疑虑千篇
世间多虑最难除

十指

左手合右手
时间留住了谁的笔名
黑夜到白天
写下大地之外的诗意

还不曾衰老的手指
触动光亮的句子
神秘又多情

明月之心

——听仓央嘉措情歌

爱你毫无保留
明月之心长久

仓央嘉措可见
明月之心哪年

菩提树下何求
愿做清风挽留

总把思念万千
唤你若水容颜

前世一曲不朽
今生听得泪流

此情万古绝前
天籁响彻云间

自传

曾以为可以成为画家的诗人
糟糕地弄了三年音乐

并和一幅抽象画
始终保持着初恋般的微妙

琴弦上抽出更加微妙的线条
画出少女的手指，纤细而柔软

错把毕加索看作一首曲子
叠加在贝多芬的音乐会上

错觉，让我再次站错队列
成为散布消息的坏家伙，如此

黑夜里我孤独地演奏月光
而白天，则把美好和诗意交给玩笑

梦见盐

梦见盐
太苦
太咸

牙齿
死咬着时间
夜
被咬成碎片

梦见骨骼
穿越高度
一节
一节

时间
带着隐痛和惊喜
在高处
坠落

狂奔

收不住
一眼望不尽的绿
我终于是一匹马
自由
狂奔

拉不回
一再任性的缰绳
我终于是一阵风
吹响
马鬃

不可得

我们心中拥有才会被真正看到
一座城市的未来要去看它的图书馆
一个人的未来要去看他去不去图书馆

写诗是为了寻找自己并成为自己
写情诗是所有年轻人的权利
无疑我们都在最好的年华写下了泛滥的情诗

也不曾思念
思念在心上
人生会有诸多美好
比如我们吃不到的浆果和小孩子嘴里的糖

人的一生大多数时间都会孤独
孤独与有没有亲人和朋友无关
不求世界对我慈悲
只求自己灵魂干净

明天，做一个俗人

明天，做一个俗人
不再因为思考而累
不再厌食
不再熬夜

明天，做一个俗人
只为平凡地活着
只为简单
只为安宁

明天，做一个俗人
关心地里的庄稼
关心牛羊
关心房舍和炊烟

明天，做一个俗人
忘了自己曾经写过的诗行

忘了执着

忘了所有梦想

生活的味道

谁收藏了故乡的雨水和炊烟
谁把勾魂摄魄的信天游唱到泪流满面
谁又能想起留守故乡的佝偻老者
也曾是翩翩少年

谁都不是白开水
生活天天往里加料
谁都不知谁的味道

诗人与诗

在纯粹的镜子里
照出的必将更为纯粹

岁月会偷走诗人的大好年华
却偷不去诗歌的万丈光芒

后记

边界之外

深知自己的边界在哪里，却总要为边界之外的虚无发疯。我想我就是这么一个人。我厌倦了我的语言，我怀疑着我的文字，我喜欢久久地保持沉默。在故乡神木，我就是一块木头。这么多年来，善于写总结的我，此时此刻竟无话可说……

静坐了好久，想在这本《无用之诗》的最后写上几行文字，却迟迟不能动笔。前些天刚参加完奶奶的葬礼，不禁感叹人生都是徒劳，一种莫名的惆怅与悲伤涌上心头。我们自己永远是自己的障碍，我们自己所谓的真心也许只是分别心而已。我的诗无法脱离平庸的镜像世界，而且缺乏本心与自我。多么希望走向自我的乌托邦，而不被一切约定俗成所打扰。

我从来都不聪明，过去不，现在不，未来也不。不过我一直自觉自悟，希望活成自己。活成自己真的很难，我认命也不认命，自负也自卑。我是不是什么诗人我不知道，痴者，我算一个。我把无用之诗写给2011之后的风元素时代，我相信这个时代的偏爱与包容。

诗是怎样一种存在，我不知道。我的诗，每一行都从下一首开始。当代诗人的诗集里总是缺那么三五首好诗，骄傲过后总是不满，我也不例外。好诗难得，好诗是需要境界的，我所能做的只是保持一点脱俗、静默与不争。

十指为林此生不乏贵人相助，不乏优秀的朋友和师长，说感谢的话，却总是笨嘴拙舌。腼腆之人着实费劲，感恩之情无以言表，只能把这份情谊长存心底。我说过，我经常想到凡·高，是因为我有一个像凡·高的弟弟提奥一样的弟弟，还有我的女儿和父母，是他们让我觉得这个世界真实不虚。

抚摸过往，总是莫名地忧伤，还好未来可期，就这么活着，痛着，写着，让时间开花结果。我接纳这个世界给我的所有好与不好，边界之外，另一个自己向我挥手。

越是拥有，越是觉得不真实，也许只有贫穷和饥饿才能让我获得更多灵感与创造力。配得上星辰与大海的从来都不是咖啡与酒，而是我们仰望星空之时的深情和走向大海之境的纯粹。关于这本书和书名我不想做过多解释，感谢无用之大用，感谢身边的朋友和未来的遇见，祝福！

作于禄水斋

2021年3月15日